BEI GRIN MACHT SICH IHR WISSEN BEZAHLT

- Wir veröffentlichen Ihre Hausarbeit, Bachelor- und Masterarbeit

- Ihr eigenes eBook und Buch - weltweit in allen wichtigen Shops

- Verdienen Sie an jedem Verkauf

Jetzt bei www.GRIN.com hochladen und kostenlos publizieren

Ilse Frapan

"Die Schöpfung"

Aus: Flügel auf! Novellen

GRIN Verlag

Bibliografische Information der Deutschen Nationalbibliothek:

Die Deutsche Bibliothek verzeichnet diese Publikation in der Deutschen Nationalbibliografie; detaillierte bibliografische Daten sind im Internet über http://dnb.d-nb.de/ abrufbar.

Dieses Werk sowie alle darin enthaltenen einzelnen Beiträge und Abbildungen sind urheberrechtlich geschützt. Jede Verwertung, die nicht ausdrücklich vom Urheberrechtsschutz zugelassen ist, bedarf der vorherigen Zustimmung des Verlages. Das gilt insbesondere für Vervielfältigungen, Bearbeitungen, Übersetzungen, Mikroverfilmungen, Auswertungen durch Datenbanken und für die Einspeicherung und Verarbeitung in elektronische Systeme. Alle Rechte, auch die des auszugsweisen Nachdrucks, der fotomechanischen Wiedergabe (einschließlich Mikrokopie) sowie der Auswertung durch Datenbanken oder ähnliche Einrichtungen, vorbehalten.

Impressum:

Copyright © 2008 GRIN Verlag GmbH
Druck und Bindung: Books on Demand GmbH, Norderstedt Germany
ISBN: 978-3-640-23456-1

Dieses Buch bei GRIN:

http://www.grin.com/de/e-book/120155/die-schoepfung

GRIN - Your knowledge has value

Der GRIN Verlag publiziert seit 1998 wissenschaftliche Arbeiten von Studenten, Hochschullehrern und anderen Akademikern als eBook und gedrucktes Buch. Die Verlagswebsite www.grin.com ist die ideale Plattform zur Veröffentlichung von Hausarbeiten, Abschlussarbeiten, wissenschaftlichen Aufsätzen, Dissertationen und Fachbüchern.

Besuchen Sie uns im Internet:

http://www.grin.com/

http://www.facebook.com/grincom

http://www.twitter.com/grin_com

Ilse Frapan

„Die Schöpfung"

[aus „Flügel auf! Novellen", erstmalig erschienen 1895]

Aus den Hinterthüren des Stuttgarter Hof-Theaters, die in den dichten Baumgang zum Park münden, traten die Schauspieler; die Probe war zu Ende. Die Damen, meist noch in bescheidener Morgen-Toilette, eilten mit gesenkten Köpfen, gleichsam incognito, durch die unscheinbarsten Sträßchen ihren Wohnungen zu, während die männlichen Kollegen, laut perorirend, in Gruppen gingen, um hier mit königlicher Herablassung einen Gruß zu erwidern, dort vor einem schnell und unhörbar daher galoppirenden Offizier mit gerunzelter Stirn auf die Seite zu springen. Als letzter trat der Souffleur auf die Straße, ein graues, verwittertes Männchen, dessen schmalschnabeliger Hahnenkopf mit den kleinen, schwarzen, hurtig herumrollenden Augen, dem gesträubten, grauen Schnauz mit dem schwarzen Flecken darin, just unter der Nase, und dem Nackengelock auf dem grünlich schimmernden Rockkragen, den Besuchern des Schloßplatzes eine wohlbekannte und oft belächelte Erscheinung war. »Grieß Gott, Herr Schaible, jetz', Sie werdet a Freud' habe« rief es ihn mit rauher Stimme, aber in freundlichem Ton von einer Bank her an; ein dicker, pelzbesetzter Seidenklumpen, aus dem nur ein großes, rothes Gesicht hervorguckte, wälzte sich mühsam auf die Seite, um ihm die Hand hinzustrecken. Der Souffleur erhob den Kopf, aber ohne den sonderbar pfiffigen und pikanten Ausdruck, der ihm sonst eigen war. »Sie kommt nicht,« sagte er kopfschüttelnd. »Wenn nur erst meine Frau wüßt'

Eben hab' ich den Brief – .« Er drückte mit dem Finger auf die Brusttasche, in der es knitterte; man hätte meinen können, er habe dort eine Stelle, die ihn schmerze.

»Aber Aber Warum? Wenn mer frage darf? Ist mir aber leid« staunte die dicke Frau, einst eine hochgefeierte Tänzerin des Hof-Theaters. Schaible blickte verstört vor sich hin. »Ja, ja, mir ist's nur um meine Alte, – die schläft schon seit vierzehn Tagen nimmer Nun, – nun, – was ist zu machen? Nichts zu machen« Er griff den Hut und schoß plötzlich davon über den heiteren, belebten Schloßplatz, der an diesem Gründonnerstage so frühlingsmäßig aufgeräumt aussah. Ostern fiel früh, noch in den März dieses Jahres, und doch war schon alles so staunenswerth vorgeschritten. Wie hatte er sich auf dem Herweg an dem Dufte der frisch bestellten, sauber gelockerten Beete, an den neu ergrünenden Rasenflecken gefreut, wo neben der winterlichen Krähe schon ein blankes, blauglänzendes Starenmännchen gärtnern ging. »Soweit ist's in Frankfurt sicher nicht, die Lotte würd' eine Freud' haben, – muß es doch meiner Frau sagen, daß dem Kind seine Primeln vor dem Schloß in voller Blüthe sind.«

Das war vor drei Stunden gewesen, und nun, – ja, nun war's gleichgültig, Primeln und Amseln und sogar die liebe, warme Sonne, die vom hellblauen, durchsichtigen Himmel so wohlmeinend auf die bunten Kinderhütchen schien und auf die schön geputzten und gewaschenen weißen Pudel, die mit Spazierschritten ihre halbgeschorene Pfötchen den farbigen Beinen ihrer Herren nachsetzten. Die Lotte kam nicht aus Frankfurt, konnte nicht abkommen, der gestrenge Singmeister wollte nichts von Ferien wissen, hatte über Zeit- und Geldvergeudung gebrummt. Je nun – Aber zwei Jahre, – das ist doch eine hübsche Zeit, wenn man nur die eine hat. Und die Alte, – im Anfang war's ihm, als könne sie die Trennung von der Lotte nicht überleben Keine Nacht recht geschlafen, und am Tage, wenn er sie doch allein lassen mußte, geschwollene Augen und ein so wehevolles, entbehrendes Lächeln um die schmalen Lippen. Und jede Bewegung, jeder Gedanke, jede Erinnerung und jede Hoffnung bezieht sich auf das Kind. Aber das ist nicht bei ihr allein, das geht ihm gerade so. Wenn sie mitsammen die Königstraße hinabwandern, kein größeres Vergnügen, als so vor allen Schaufenstern stehen zu bleiben, zu gucken, zu schweigen und endlich sich schmunzelnd zuzuflüstern: »Das wären jetzt Schüh'le für d' Lotte, – die goldige da, gelt, herzig sind's?« »Grad wollt' ich's sagen Aber guck emal da, die nette Blumeg'schirrle, – jetzt wenn die Lotte – .« »Und hier hascht alle mitenander, de Mozart mit seim wundervolle G'sichtle und seim Nackezopf, de Beethoven mit eme große, wilde Lockehaar und em Titanetrotz, de Händel wie e Staatsminister, de melancholische Schubert, de Mendelssohn, –

der trockenen Bemerkung, es sei besser, sie warte noch ein Jahr, dann sei es vielleicht etwas Rechtes? – – – Immer langsamer ging Schaible, je mehr er sich seiner Wohnung näherte, und nicht nur, weil die Hohenheimerstraße eine Steigung macht. Was wird seine Frau sagen Heute morgen hat er ihr noch eigenhändig ein großes Netz voll Spinat vom Markt an der Planie geholt. »Das ischt emal e Gründonnerstag, der trägt sein' Namen mit Recht, heut z'Mittag mach' ich Laubfrösch'« Auf der dritten Treppe schon duftet ihm das Frühlingsgericht entgegen, und nun ist ihm der Hunger vergangen. Soll er's ihr denn vorher sagen, daß die Lotte nicht kommt? Dann rührt sie keinen Bissen an, und Laubfrösche, das ist ein so langes Geschäft, soll sie denn zwei, drei Stunden umsonst gewiegt, gerührt, gebrutzelt haben? Wiederum, wenn er sie essen läßt, und sagt's ihr nachher? Da bekommt's ihr nicht, macht sie elend, ja sterbenskrank, alle Aufregung schlägt bei ihr auf den Magen, und ihm geht es ebenso. Sie sind nicht wie andre Leute. Immer ganz droben oder ganz drunten, alle beide. Die Lotte was das ruhige Element, so sonderbar das ist. Das Kind konnte so wundervoll lachen; von kleinauf schon. Wenn es hinfiel und die Mutter todtenbleich und zitternd aufschrie, als seien ihm alle Knöchlein zerbrochen, – immer hat es schnell die Thränen verschluckt und gelächelt: »I bin scho wieder auf« Wie soll man so ein Kind nicht vergöttern Zwei Jahre fort, zwei lange Jahre Und nun soll zu den zweien noch ein drittes kommen, ein langes, langsam schleichendes Jahr. Und dann nachher? Wenn man auch nur ein wenig in die Zukunft sehen, ein Zipfelchen von dem dunklen Schleier heben könnte Wird sich's denn auch lohnen? Wird die Stimme ausreifen, das musikalische Gefühl sich bewähren? Wird das Mädel mehr Glück haben als ihre Eltern? Vorsicht im Urtheil mag ja gut, nothwendig sein, aber der Teufel halte es aus, so im Dunkeln gelassen zu werden – Und nun, – nun ist da die Glasthüre zum vierten Stock, und dahinter ist seine Frau in der Küche bei den Laubfröschen, und er zittert und seufzt und flucht durch einander, bis er sich endlich einzutreten getraut. Aber was ist das? Sie weiß es doch nicht etwa schon? Sie kommt ihm stumm ein paar Schritte entgegen, drückt ihm hastig die Hand und geht wortlos in die Küche zurück, ihre Lippen zucken heftig, das Gesicht ist roth und verweint – – . »Hermine« ruft er und geht ihr nach. Sie hat schon das Taschentuch vor den Augen. »Ach, es ist was furchtbar Trauriges passirt, – Du hast mir's gleich, – aber ich kann's nicht, – und wenn Du's erst weißt – .« Er bringt schon gar kein Wort mehr heraus, er hält das magere Handgelenk seiner Frau umklammert und fühlt das schnelle, hüpfende Klopfen. »Es kann doch nichts mit der Lotte sein? – Mann,« flüstert die alte Frau und enthüllt ihre fließenden Augen, »denk' nur, um Gotteswille, die Emilie – – .« Er athmet auf, es wälzt sich etwas von seiner Brust, die Zunge wird frei: »Was ist mit der Emilie?« »Ach, sie hat sich ins –

hat sich ins Wasser gestürzt.« Die alte Frau lehnt sich an des Mannes Schulter und schluchzt, abgebrochene Worte murmelt sie dazwischen: »Unter der Eiche, – am Neckar, weißt, – zwanzig Jahr, – so alt wie unsere Lotte, – es ist mir so furchtbar, fuurcht-bar« Ja, sie ist ganz aus einander, die gute Frau. Ihre hageren Backen glühen fieberroth, immer wieder ringt sie die Hände. Schaible ist nicht minder erschüttert; die Emilie Leuthäuser war ja sein Liebling gewesen, soweit das ein anderes Kind neben der Lotte sein konnte. Es ist wie ein böser Traum, daß solch ein feuriges, schönes Geschöpf im kalten Wasser soll erloschen sein wie eine Rakete. Er sieht die brennenden Blicke, fühlt noch die heißen Finger des armen Kindes, die so schmerzhaft drückten, wenn sie Abschied nahm.

»Warum denn, warum?«

»Ja, warum Weil die Stimm' fort war Weißt net, wie sie zur Lotte g'sagt hat: 'nur keine médiocrité werden Lieber todt als halb leben.' »Ja, das hat sie gesagt; aber was so e'junges Ding daherredet, – – Hab i' auch denkt Aber Mann, der war's Ernst An dem Platz im Gras hat e munzig klein's Notizbüchle g'lege, d'rin steht: »Ich gehe, meine verlorene Musik zu suchen.«

»O du mein Heiland Ist's heute geschehen?«

»Gestern schon. Die Pflegemutter war vorhin hier; das ist e Jammer.«

»Ach, die Pflegemutter Ja, die Wer weiß, wie's gegangen wär' – – .«

»Freilich, freilich Ihr wär's schon recht gewesen, wenn die Emilie nur immer brav gekocht und geputzt hätt' 'n lieben, langen Tag. Sie hat mir noch heut' g'sagt: »Die Stimm', das ist der Emilie ihr Unglück gewesen« – Nein, der Verlust von der Stimm', sag' ich. Gelt, Mann, die Seele'einsamkeit, die Verzweiflung von dem armen Mädle Bis ein's so weit kommt Und hat doch gewußt: jetzt zu Ostern kommte die Lotte Schaible auf Besuch«

Der Souffleur senkt plötzlich den Kopf, als habe ihn etwas an die Schläfe getroffen. »Frau,« macht er heiser, »wir müssen uns noch – gedulden, – ja, guck mi groß an, i hab au no so e Hiobs-Botschaft, aber, Gott sei Lob und Dank, was Herzzerreißend's ist's net, bloß, daß die Lotte, – sie ist g'sund und wohl, – bloß kommen kann's net – – Na, jetzt is' raus, aber essen kann i net, un Du au net, i seh' scho', und die Laubfrösch' – – .«

Das alte Pärchen hockte auf dem Küchentisch nieder und weinte die Aufregung und Enttäuschung aus, bis sich zuletzt die Frau mit einer heldenmüthigen Anstrengung aufrichtete: »'s Kind ist g'sund, – 's ist e Sünd' z' weinen. Was schreibt sie denn?« Sie zog den Mann in die Stube. Einen abschiednehmenden Blick warf sie nach dem Hackbrett in der Küche. »Es halt' bis Abend, ich richt's zum Nachtesse, – aber dem Julius, dem herzlose Kracher, möcht i's a'streiche, wie er uns zum besten hat Jetzt ha'n mir kei' Ostere.« Sie rieb sich die Augen, schnäuzte sich dröhnend und griff nach dem dünnen Briefchen. »Ach, die ›Schöpfung‹ Guck au die Lotte Jetz' weiß die in Frankfurt, daß hier Ostersonntag die Schöpfung aufg'führt wird. »Geht, bitte hinein, ich würde schrecklich traurig wein, wenn Ihr allein zu Hause gesessen hättet. Ich habe auch eine Einladung hier und will den ganzen Nachmittag an Euch denken. Es ist ja Euer altes Lieblingswerk, Euer Liebes- und Verlobungsstück; also statt daheim zu bleiben und Trübsal zu blasen – .«

»Es mag ihr auch nah genug geh'n,« seufzte Schaible.

Die Mutter errötete etwas und blickte verlegen vor sich nieder: dann richtete sie bang und fragend ihre Blicke auf den Mann. »Sie schreibt so, – so obenhin, – nichts von Leidsein, – sag', Mann, die Lotte, – 's ist ja nur 'n Kind, sie wird uns doch nicht vergessen allgemach?« – Es brauchte Stunden, bis diese letzte betrübende Vorstellung überwunden war. –

Am Ostersonntag, nachmittags vier Uhr, standen die Alten treulich unter den Billet-Heischenden an der Kasse des Königsbaues, wie die Lotte es von ihnen verlangt hatte.

Sie hätten kaum geglaubt, daß sie's erreichen würden, so viel hatte sich in die zwei Tage gedrängt, so viel Muthraubendes, Aufregendes. Es ging aus von der armen Emilie, die im Neckar Kühlung gesucht hatte für ihren heißen, hoffnungslosen Lebensschmerz. Gleich am Charfreitag war Frau Schaible hinausgefahren nach Untertürkheim zu den Pflegeeltern, um zu hören, ob die Leiche gefunden sei. Ach, waren das Menschen Sprachen nichts als von der Undankbarkeit der Todten, die jetzt, da man sie mit Müh und Opfern groß gemacht, statt einer endlich fälligen Gegenleistung sich allem entzog und Kummer und Schande über sie brachte. »Ein Mädle, das arbeiten will,« hieß es, »findet immer ihr Brod, und die Emilie hat so ein Schenie fürs Kleidermachen gehabt und fürs Frisiren; warum ist sie nicht Kammerjungfer worden, wie man ihr a'boten hat?«

»Aber sie hat nun die Musik im Leibe gehabt, ganz wie unsere Lotte,« eiferte Frau Schaible, »in den dunklen Augen, da war eine Künstlerseele, und daß die so jämmerlich hat zu Grunde geh'n müssen« – – »Ja, s'ischt e Kreuz für uns« sagte die Pflegemutter mürrisch und wischte sich das Gesicht. »Jetz' sucht mer besser dronte bei der Fischbruta'stalt. S'ischt no net a' d' Oberfläche komme.«

Voll Empörung lief Frau Schaible davon, das kleine Notizbuch mit den Abschiedsworten in ihrer Tasche; sie hatte es dem fünfjährigen Max weggenommen, der damit gespielt hatte. »Armes Kind Armes Kind Ach, meine Lotee, Gott schütze und bewahre Dich«

Am Sonntag früh kam eine Postkarte, daß die Leiche aufgefunden sei; heute Nachmittag werde sie begraben, auch habe der Pfarrer Stähle gesagt, er wolle am Grabe sprechen.

»Der Pfarrer Stähle? der Zelot?« meinte Frau Schaible erschrocken.

»Gelt, wir nehmen bloß Billets bis Cannstatt, das Wetter ischt gut zum Laufe. Schon' Di au, denk an d' Lotte,« mahnte der Mann, denn Frau Hermine hatte schon wieder feuchte Augen. Sie machte eine wegwerfende Handbewegung: »O jetz', wo de Lotte nicht kommt, ist's ein's« »Und an Dein' Mann denkst net?« Bittend sah ihn die Frau an: »Daß doch zwei Menschen wenigstens an ihrem Grab stehen, wo wissen, – wo fühlen.« – Sie verstummte, er nickte ja schon bereitwillig. Der Epheustock, – sie hatten vor drei Jahren ein Zweiglein vom Bopser mit heruntergebracht, und es war so stattlich gediehen, – sollte mit hinaus auf den Friedhof. »Aber was sagt sie Lotte, wenn ihr Ehpeu nimmer da ist, Frau?« »Ich schreib's ihr; für die Emilie ist ihr nichts zu schön« »Ja, die zwei haben sich gern gehabt.« »Gott schütz' uns,« stammelte die Frau mit einem ängstlichen Blick geradeaus, als wolle sie die Zukunft durchdringen. –

Dann an der offenen Grube, im Frühlingswind, der das fahle Gras peitschte, unter den ziehenden Wolken, die massig und grau über den braunen Hügeln hingen, – der kleine Friedhof voll neugieriger Gesichter, der kaltblickende Pfarrer im Mittelpunkte, neben ihm die weinende Pflegemutter, und ihr Mann mit abgezogenem Hut und einer verlegenen, reuevollen Verdrießlichkeit in dem stumpfen Gesicht.

Der Pfarrer sprach, – laut, strafend, unversöhnlich. Das größte Verbrechen ist das gegen das eigene gottgeschenkte Leben. Verirrte junge Sünderin, was wirst Du antworten, wenn jene Stimme von oben Dich fragt: »wie hast Du mein Geschenk angewendet?« Hohle nichtige Eitelkeit ist hier Herr geworden, alle natürlichen Pflichten sind in den Staub getreten worden. O, lasset uns beten, daß Gnade vor Recht ergehe, daß auch dies sündige Kind nicht auf ewig verworfen werde. – – So ging es fort.

Nach den ersten Worten schon hatten die Schaibles einen langen Blick getauscht und sich die Hand gereicht, wie zu Schutz und

Trutz. Frau Herminens Antlitz gerieth immer mehr in zuckende Bewegung, sie hielt sich mit Mühe zurück. Kaum waren die letzten Gebetworte verklungen, so trat sie einen Schritt vor und sagte mit Schrill vor Aufregung klingender Stimme: »Herr Pfarrer, ich protestiere gegen Ihre unchristliche, in jeder Beziehung verständnißlose – –« Der Angegriffene blinzelte, zog die Brauen zusammen, hielt die Hand hinters Ohr und sagte kalt: »Wünschen Sie etwas von mir, gute Frau?« – Der Souffleur hatte seine Hermine schon zurückgezogen. »Du siehscht, er will net verstanden haben, – komm, komm, sonst gibt's 'n Skandal, – jetz' wenn i reden könnt aber i kann's net.« –

Sie gingen hinaus, bis sich die Menge verlaufen hatte. Dann kehrten sie um, betrachtete erschüttert und empört den nackten schwarzen Erdhaufen, den sie aus das arme unruhige Seelchen gethürmt hatten und pflanzten endlich den Epheu in den lockeren Boden. »Die vielen Wurzeln, sieh, – es hatte keinen Raum mehr in der Scherbe Da darf es sich ausbreiten.« Und sorgsam leiteten sie die langen Ranken über die frische Stelle, bis sie in dunklem Grün schimmerte.

In langen sehnsüchtigen Tönen sang eine Amsel in einer Traueresche, während sie arbeiteten. Glashell, krystallklar, lauter Erlösung, Befreiung, Auferstehung. »'s ist, als wär's der Eimilie ihr Geist,« murmelte die alte Frau, »schauerlich war's, – aber denk,

Vater, wenn wir net kommen wären, gar Niemand hätt' sie g'habt. So ins Grab müssen, und so e Leichenpredigt« – –

Ganz unvermerkt war es dann Ostersonntag geworden, ein strahlend heller Tag. Aber dem alten Pärchen lag ein grauer Schatten auf allem und wollte gar nicht weichen. »Was die Lotte wohl heut' morgen thut? Jetzt gleich nach dem Fest muß man's ihr schreiben mit der Emilie; aber i bin z' feig, es wird ihr arg a'thun.« Zu Mittag hatten sie ein schmales Lammbrätchen; es gefiel ihnen nicht, war weichlich, nur Knochen und Fett. »Damit hätten wir kein' Ehr' eingelegt bei dem Kind. Und eingeladen ist's heut' nachmittag? Wo denn? Mußt doch noch emal im Brief nachschau'n, und wie ist's denn mit der Schöpfung? Geh'n wir, oder geh'n wir nicht? I möcht weniger, aber wenn doch de Lotte, – ja, 's Kind schreibt extra, 's würd' sehr traurig sein; also, gang' mer« – Und so war's geschehen, daß sie nun doch am Ende der langen Queue vor dem Königsbahn standen, sorgenvoll, ob sie noch Platz finden, noch zum Beginne des Oratoriums im Saale sein würden. Das Stehen war etwas lästig, aber der Schloßplatz war heute so schön, so voll heiteren Getümmels, daß man aller Langeweile vergaß. Die schlanke, weiße Säule mit der beschwingten Fortuna streckte sich glänzend in den lichtblauen Himmel, und mancher Blick flog zu der verheißenden Göttin empor. Blendend spiegelte sich die Sonne auf den steigenden und fallenden Wassern der Fontänen; sogar die Kegel der

Thujas, die noch vor kurzem so mißfarbig dunkel olivbraun ausgesehen, hatten sich in frisches Hellgrün gekleidet. Und droben, gegenüber, wo der Boden der Weinberge noch in seinem warmen Roth durch die kahlen Reben leuchtete, bunte Häuserchen, die zum ersten Male heuer die grünen Läden aufgethan hatten; und auf den weißen, geringelten Straßen, die wie schelmische Fragezeichen zu rufen schienen: wohin führ ich wohl?, singende, Hüte schwenkende Scharen in festlichen Kleidern. Es war eine so sauber aufgeräumte, hell und durchsichtig gefärbte Frühlingsscene, wie auf einem Bilde von Schwind. »So ist's in Frankfurt net Wenn's doch auch die Lotte sähe, wenn sie doch mit uns wäre« plauderten die Blicke der beiden Alten, sowie sie sich einander zukehrten. Endlich war das enge Thor passirt, der beengte Weg oben zwischen den schon dichtbesetzten Bänken und Stühlen zurückgelegt, und sie sanken ermüdet auf die noch freien Sitze. Heiß war's, und halb dunkel nach dem Sonnentag draußen, die Logen-Brüstung nicht zu unterscheiden, weil die Leute Kopf an Kopf saßen; unten im ganz unsichtbaren Saale verstummte eben das Stimmen der Instrumente, und das Musikwerk begann, während die Frau ihrem Gefährten mit langem Gesichte zuflüsterte: »Jetz' ist de Lotte zu allem andern auch noch um ihr Osterhäsle 'komme, – Du hast auch nicht d'ran denkt. Wenn's net schad' wär' ums Geld, kehrt' ich um und macht' ihr noch g'schwind e Päckle.«

»Morgen, morgen,« beschwichtigte der Mann, »heut' ist kei' Post mehr offen.«

»Scht Scht« machten die Umsitzenden, denn die ersten Takte erklangen. Da schämten sich die zwei Alten und erröthen auf einen Schlag; zum ersten Mal in ihrem Leben war es ihnen begegnet, daß man sie im Konzertsaale zur Ruhe verwies.

Frau Hermine hatte oft genug »Scht« rufen müssen, nun passirte es ihr selber, daß sie störte. Ja, wenn man alt wird Und wenn man sein einziges Kind in der Fremde hat und alle Gedanken bei ihm Ihr Mann tastete nach ihrem Arm: »Paß auf« meldete sein leiser Fingerdruck. Ach, war es schon die Stelle?

›Und es ward Licht‹ jubelte es durch den Saal, und eine himmlische, selige Helle schien sich zu verbreiten. Schaible's sahen sich an; über die Sorgenfalten in beiden Gesichtern legte sich ein Abglanz des göttlichen Scheins, der sie allmählich veränderte, verjüngte. Nun erst fühlten sie, daß sie hier seien, fühlten, was kommen sollte, all das Längstbeliebte, Wohlbekannte, und die Wellen, die klar und klingend um sie spielten, nahmen sie in die weichen Arme und führten sie rückwärts, süß und schmeichelnd rückwärts über zwanzig Jahre. Ihr altes Liebes- und Verlobungsstück

Das Kind wußte es aus ihren eigenen Erzählungen, daß eine Aufführung der Schöpfung sie zusammengebracht hatte.

Wohl hatten sie einander vorher gekannt. Der arme Chorist, der auch heimlich komponirte und fast alle Instrumente leidlich zu spielen verstand, wohnte in einem Hause mit der vielgeplagten Klavierlehrerin, und sie trafen sich am Kosttische der Hauswirthin schon seit einem Jahre. Sie waren nicht jung damals, behüte Er an die Vierzig, sie Mitte der Dreißiger, aber beide von der Menschensorte, bei der die Elasticität des Geistes, die Energie des Gefühls die Jugendzeit weit überdauert. Sie hatten einander Noten geliehen und musikalische Begeisterung ausgetauscht. An einem Charfreitage vor nun zweiundzwanzig Jahren bekam die Klavierlehrerin zwei Billette für die Schöpfung; der Musikalien-Händler schenkte sie ihr, da er selber am Gehen verhindert war. Hermine Rothe aber schickte eine der Karten ihrem Hausgenossen Schaible aufs Zimmer; und nachmittags um drei saßen sie verlegen und gespannt, ziemlich fremd noch und wortlos neben einander auf der obersten Galerie, bis nach dem Tongewirre des Chaos, ganz wie heute, das Licht sich ausgoß wie eine breite segnende Strahlengarbe, und ihre Blicke sich zum ersten Mal in einem entzückten, Verständniß suchenden und findenden Leuchten begegneten. Schnell hatten sie sich damals wieder abgewandt, aber nur, um sich prüfend, tastend wieder zusammenzuschleichen, sobald sie sich von einer Stelle tiefer gepackt fühlten. ›Der helle Bach‹, ›das zarte Taubenpaar‹, ›die Sonne, – ein wonnevoller Bräutigam, ein Riese stolz und froh, zu rennen seine Bahn‹. ›Vor Freude brüllend steht der Löwe da‹. – ›In langen Zügen das Gewürm‹. – Sie wußten später ganz genau, wie die Stellen hießen, die ihre Blicke zusammengeführt hatten. Und dann in der Arie, wie der Mensch erscheint: ›Ein Mann und König der Natur, – die Gattin hold und anmuthsvoll‹, war es ihnen ganz wunderlich ergangen, beiden gleich, wie sie sich's nachher gestanden. Da hatte sich in den Augen der Frau der bescheidene Chorist zur Verkörperung stolzer Manneswürde, die blasse, nervöse Klavierlehrerin in den Augen des Mannes zum Inbegriff aller weiblichen Huld verklärt, und wie dann Adam und Eva in das entzückte, staunende Stammeln ausbrechen über die große Welt, ›so groß, so wunderbar‹ und sich kein Ende wissen des anbetenden Wunderns, da hatte ihre Freude und ihr Staunen leise wiedergeklungen in den Herzen der beiden Hörer, die sich nicht wieder erkannten in diesem Sturm von Jugendgefühlen, den sie längst hinter sich zu haben meinten. Es ward ihnen schnelle, buchstäbliche Wahrheit:

Doch ohne Dich, was wäre mir
Der Morgenthau,
Der Abendhauch,

Der Früchte Saft,
Der Blumen Duft

Sie waren im Paradiese mit Adam und Eva, in kindlicher Gluth und Dankbarkeit, und als sie heimgingen, sprachen sie zwar keine Silbe, aber ihre Hände hatten sich verschlungen, und die Erklärung war gemacht. Von diesem Abend an betrachteten sie sich als Brautpaar, und sechs Wochen später ließen sie sich ganz still und heimlich trauen. – Es verging ein halbes Jahr, ehe sie zusammenziehen konnten, was sehr zur Verwunderung der Hausleute geschah, die ihr Verhältniß erst dann erfuhren. Seitdem Schaible die untergeordnete, aber sichere Stellung als Souffleur bekommen, datierte der gemeinsame Haushalt. Lotte, das einzige, ihnen bescherte Kind, ward in einer zärtlichen Einsiedelei auferzogen, die Dritte im Bunde, Kind, Liebling, Abgott, Lebenshoffnung, Glück und Stolz. Und nun sie missen sollen, so lange schon Hermine Schaible kämpfte mir Thränen, das Gesicht tief über ihre Hände gebeugt. Da zuckte, wie ein Sonnenblitz, der Sopran auf, ein wunderbar süßer, schmelzender Sopran, eine kinderreine, jauchzende Stimme: ›Mit Staunen sieht das Wunderwerk der Himmelsbürger frohe Schar‹, – wie Lerchenlied über strich begrünter Ackerscholle klang es. »Wer singt den Gabriel?« flüsterte Schaible seiner Frau zu. »I weiß net, 's muß vom Cäcilien-Verein – – ,« dann legte sie leicht die Finger an die Lippen, die Thränen waren versiegt. ›Frühling‹ hauchte sie in sich hinein. Ein leiser, kühler Schauer fuhr ihr über den Nacken; sie athmete tief, war ganz hingegeben an die leuchtenden, fortreißenden Osterklänge. ›nun beut die Flur das frische Grün‹, – begann die sanfte Arie des Soprans. Die Frau hab wieder den Kopf, lauschte mit vorgestrecktem Hals, mit heftig klopfenden Herzen. Ihr Gesicht überzog sich mit Roth; sie trank die Musik der süßen Stimme, und ein plötzlicher Rausch schien über sie zu kommen. »Mann, ich finde, – – ich muß immer denken, wenn es nicht ganz verrückt wäre –« »Scht« machte es hinter ihr. Das aufgeregte Flüstern ward wieder lästig für die Nachbarn. Aber sowie der erste Theil zu Ende war, und man ein Wort einschieben konnte, tauschten die zwei Alten ihren Eindruck. »Immer denk' ich an die Lotte« »Freilich, ich auch« »Das Einsetzen, nicht wahr? Aber dann die Fülle und Kraft, – wer mag es denn sein? 's ist eppes Dummes, so ohne Programm Ich geh' g'schwind – – « Die Frau hielt ihn am Rockärmel. »Wozu? Solang bild' ich mir ein, unsere Lotte zu hören, wenn ich aber den fremden Namen auf dem Zettel seh' – – .« Der Souffleur setzte sich wieder, die Nachbarn stöhnten schon über die zwei unruhigen Geister. Aber der Beginn des zweiten Theils war wieder wie ein elektrischer Schlag in die Seelen der Horchenden. ›Und Liebe girrt das zarte Taubenpaar‹, – wie der reizende Lockruf aus der Stimme der Singenden girrte Schaible's hatten sich bei den Händen gefaßt und drückten sie immer stärker. Sie ließen sich von den Tönen wiegen und vergaßen sogar, sich zuzuflüstern. Diese jauchzende Andacht, dieser Glanz der ersten Zeit Glückliche Seele, in der es so aussah Was für ein wonniges Lebensgefühl Das ist, um gesund daran zu werden – Einen Augenblick flogen die Gedanken zu dem einsamen Grabe, an dem sie gestern gestanden. ›Du nimmst den Odem weg: in Staub zerfallen sie‘. Aber wie war es möglich, dabei zu verweilen Alles Dunkle, Tragische, Unlösbare schien so unwirklich, so unwahr in diesem Rosenlichte. Konnte es möglich sein, daß dort ein junges Dasein in Verzweifelung geendet hatte? – Glückliche, glückliche Seele, die über Grab und Tod hinweg solchen Freuden-Aufschwung, solchen Himmelsflug fand »Was dieser Haydn nun zum zweiten Male an mir thut,« sprach es im Herzen der Frau, diesmal lautlos und ohne Wirkung auf die Nachbarn. Auch in der Pause, die dem Alleluja folgte, saß sie starr, traumverloren. Und nun der dritte Theil, das Paradies. ’seht das beglückte Paar, wie Hand in Hand es geht’ Ja, das war die schmerzenlose, die bessere Welt. Im Reiche der Kunst gab es diese unsäglich schöne, aus lauter Freude und Liebe gewobene Empfindung, und wenn die Lotte auch jetzt räumlich und körperlich nicht bei ihnen war, bei ihnen war sie doch, wußte sie hier im Banne der glücklichen, kindlich frommen Tonseele, wußte, daß sie in jedem Augenblick ihrer gedachten. Und diese frohe Beruhigung erzeugte die zweite: unsere Tochter fühlt alles wie wir Sie gehört – wie wir – zu den Begnadeten, für die es jene zweite bessere Welt auf Erden gibt, wo alles sich zu lösen vermag, das Reich, das nicht von dieser Welt ist, wenn auch mit ihr verknüpft durch die subtilsten und stärksten Fäden, das Reich der Kunst Da sind wir nicht Eltern und Kind, da sind wir Genießende an einer Tafel, Seite an Seite. Arme Emilie, wer wollte Dir's nicht nachfühlen, daß es Dir leichter war, von der Erde zu scheiden, als Abschied zu nehmen von der Kunst. Die Stimme, Dein Flügel, der Dich hatte hinaustragen sollen aus der Gemeinschaft mit den dumpfen Seelen, vernichtet, gebrochen – wie konntest Du Dich wieder zurechtfinden? O, sie hätten Dich untergekriegt mit ihrem ewig mahnenden gemeinen Bedürfniß lieber schnell untergehen, als langsam verkümmern – – ›O Du, für den ich ward Mein Schirm, mein Schild, mein All" sang die Eva. Nein, es war die Liebe, die Hingebung selbst, die dort sang Solch einen Sopran hatte Frau Schaible noch nie gehört Auch der Souffleur war in die Höhe geschossen, reckte und streckte sich aufgeregt, um in den Saal nach dem Podium zu blicken. ›Die Kühle des Abends, o wie erquicket sie‹ – »Das ist ein Engel oder – die Lotte« flüsterte er seiner Frau zu. Auf deren Gesicht stand ein Lächeln, er wußte nicht zu deuten, ungläubig, ahnend, wie vor der Schwelle eines Heiligthums. Das Amen verklang, auf der Galerie erfolgte großer Aufbruch; Schaible's waren nicht die Leute, sich ins Gedränge zu mischen, sie ließen Alles über sich wegsteigen, dann schlossen sie sich den vereinzelten

Letzten auf dem schmalen Gang, den beengten Treppen an. Sie wußten nicht, wie sie hinunter kamen. Als sie aber den langgezogenen Concertsaal erreicht hatten, dessen Thüren offen standen, und wo das letzte Tagesschimmern sich mit dem eben entzündeten Gaslicht mischte, faßte Schaible die Frau fester unter den Arm, und in schnellem Schritt gingen sie bis zur Mitte des mit verschobenen Stuhlreihen dichtbesetzten, menschenleeren Saales. Sie hatten die Blicke geradeaus nach dem Podium gerichtet, wo sich noch einzelne Gestalten bewegten. Plötzlich kam es hinter ihnen her, leichtfüßig, eilig, und wie sie sich umwendeten, rutschte ihnen etwas Kühles, Raschelndes über die Hüte und blieb auf den Schultern hängen, – ein Lorbeerkranz »Aber Mama, Ihr lauft doch, als – – .« Das stand Gabriel-Eva, – Lotte, und hatte sie mit Zweigen und Armen gefangen. »Wirst mir doch nicht ohnmächtig, Mama?« Sie warf den Reisemantel hinter sich und stand in ihrem hellblauen, knappen Foulard-Kleidchen, das Filzhütchen schief auf dem Kopfe, mit glühenden Wangen und Siegesglanz in den Augen, vor den Eltern. Dann beugte sie sich zu der Mutter, um ihr das Hutband auseinander zu zupfen und sie heiß und verstohlen zu küssen. »Ihr habt mich doch hoffentlich nicht zu früh erkannt? Nein, wißt Ihr, Ihr solltet erst mal ganz unparteiisch prüfen, ob ich 'was los habe Wie ich hergekommen bin? Ja, die Geschichte ist wenigstens zwei Meter lang. Aber das ist ja alles Nebensache Wie gefällt Euch denn lebensgroße Photographien Das wäre eppes – .«»Aber de Haydn g'seh i net? Wo ischt au der Haydn? I möcht geh' frage, warum daß der Haydn net da ischt Aber es lohnt net, – es würd so e Mordsgeld koschte« Und dann unterhielten sie sich, was für ein Gefühl das sein müßte, wenn man immer gleich so hineingehen und kaufen könnte, was einem gefiele. Natürlich für das Kind, denn für sich selbst waren sie so anspruchslos, daß ihnen das knappe Geldchen, das der Souffleur-Posten eintrug, gewiß genügt hätte. Aber die Lotte Ein einziges, liebes, begabtes Kind von zwanzig Jahren, – für wen sind denn eigentlich alle schönen und reizenden Dinge in der Welt, wenn nicht für solche Lotten? Nun, es hatte ja Glück gehabt, das Kind, da sich ein Mann wie der für ihre Stimm interessirt, – der erste Konzertträger Deutschlands sie in die Schule nimmt Wer hätte das hoffen dürfen, daß sich solch ein Mann eines alten Schulkameraden erinnern, seinen Besuch freundlich aufnehmen, seine Tochter hören und ihre Ausbildung dem mittelosen Vater wie etwas Selbstverständliches vorschlagen wird, und daß er nicht nur die Kosten der Ausbildung, sondern sogar den größeren Theil ihres Unterhalts für drei Jahre in Frankfurt selber trägt Ja, es ist etwas Ungeheuerliches, und man will sich das bißchen Tyrannei schon gefallen lassen, wenn es zu des Kindes Bestem ist. Ein bißchen Tyrannei Aber so viel, daß er sie zwingt, das pfennigweise von den Eltern zusammengebrachte Reisegeld wieder zurückzuschicken mit der Sopran aus Frankfurt? Fräulein L. S., hm? Es war eigentlich ziemlich durchsichtig, nicht? Was? Nicht 'mal 'n Programm gehabt? O Papa, Mama, Ihr seid doch auch kein bißchen schlau Habt wirklich geglaubt, ich ließe mich halten?« – – »Kind, alle Deine Primeln auf dem Schloßplatz blühen,« sagte Schaible mit wankender Stimme. Draußen lag schon Alles im Schatten, aber auf dem hochgehaltenen Kranze der Fortuna schimmerte noch ein heller, glänzender Sonnenpunkt.